木のなかの時間

イイジマ　ヨシオ・詩集

ねむの木学園のこどもたち・絵

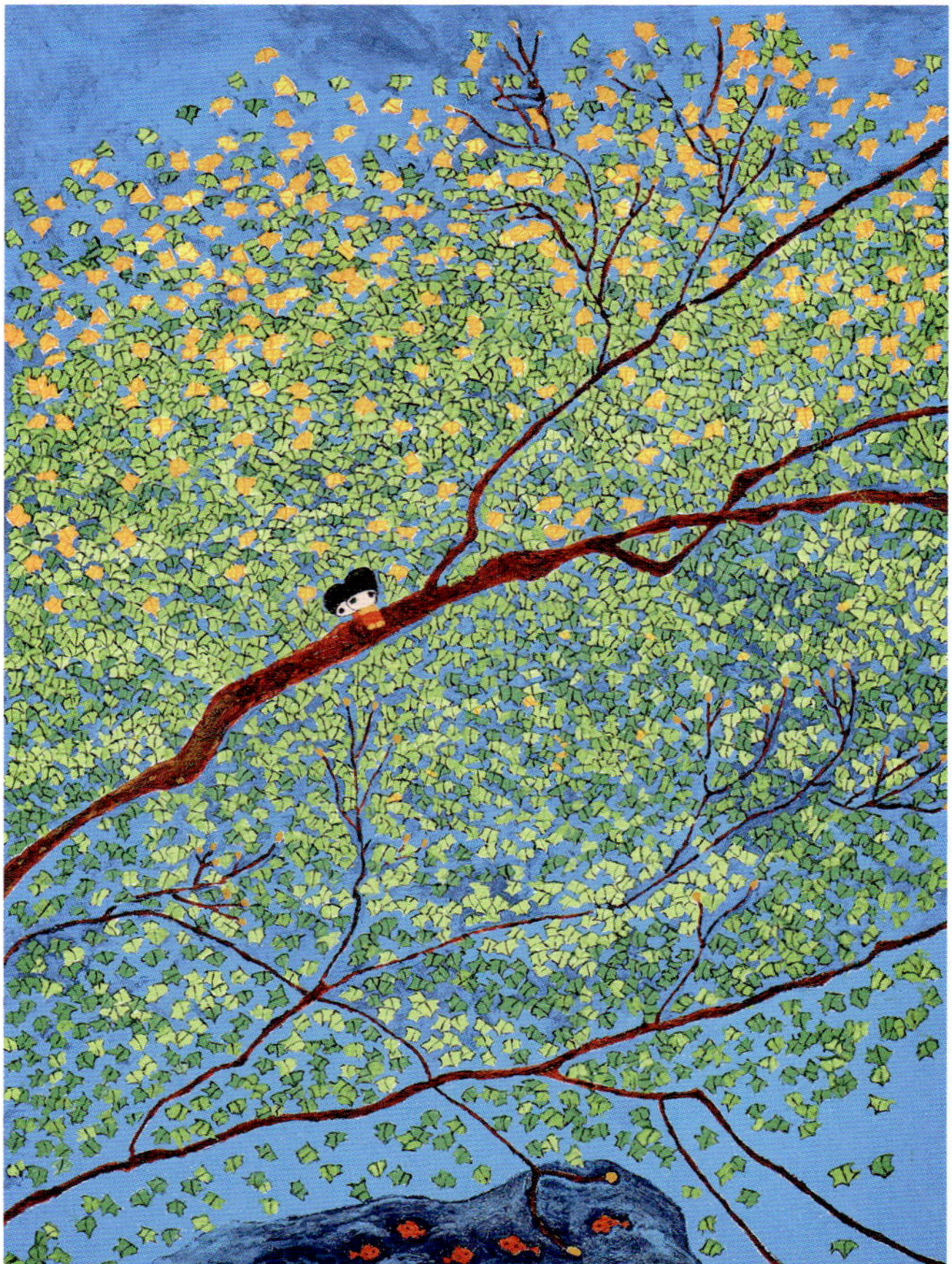

JUNIOR POEM SERIES

もくじ

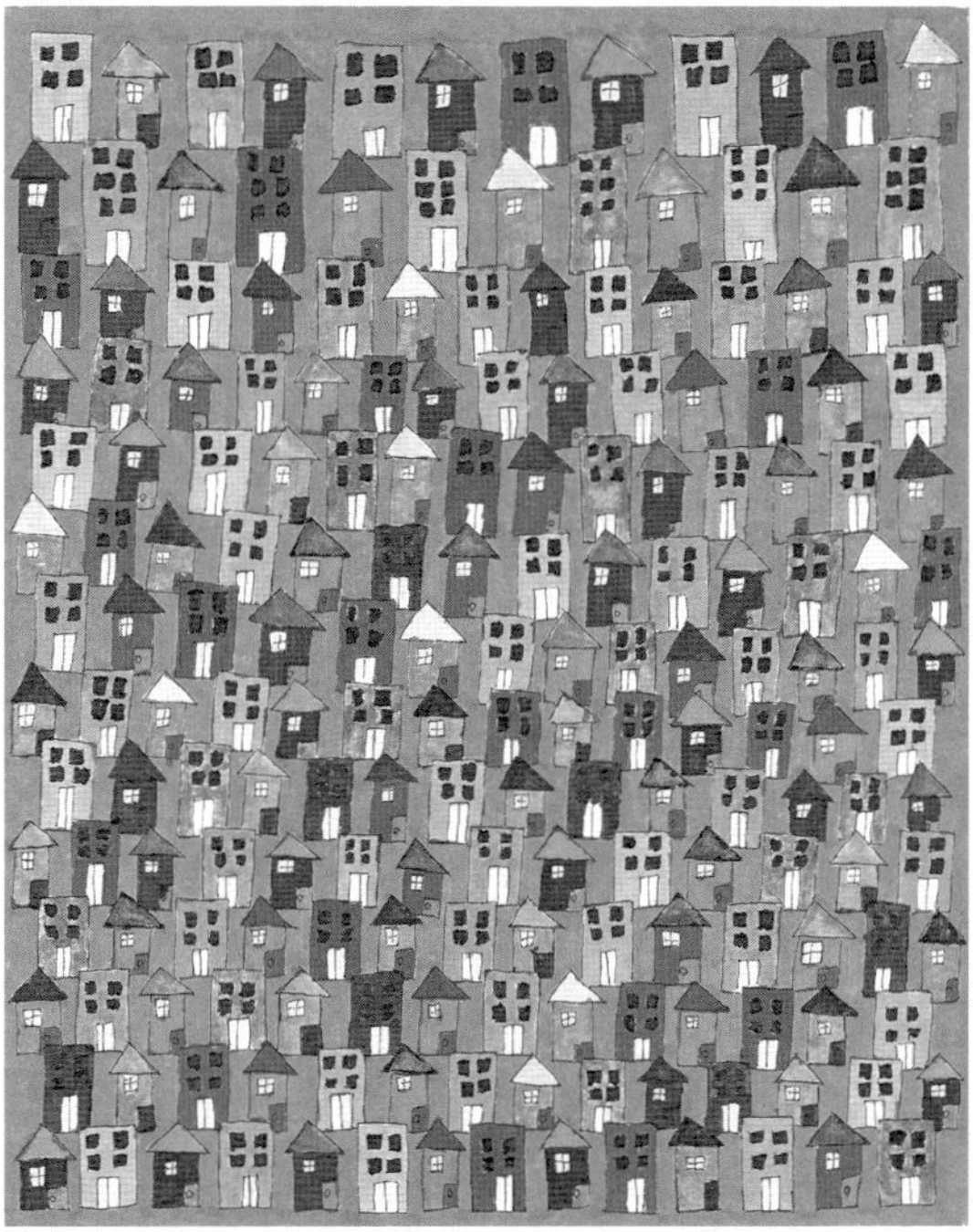

Ⅰ　木のなかの時間

Ⅱ

月のねこ

Ⅰ　木のなかの時間

木のなかの時間

木は　いつからここに
立っていたのか
いつから　淋《さび》しいのか
知らないままだった
夜になると
葉《は》や　枝《えだ》に
静《しず》かな　静かな者達《ものたち》が
とまっていることに　気づく
朝になると
それらは　帰っていく
木は　少しの間
淋しさを　忘《わす》れる

その者達は
何なのか
言葉《ことば》を　持《も》たない木は

こころのなかで　考える

昨日《きのう》までの葉は
落《お》ちて　光になった
産《う》まれたばかりの
野良猫《のらねこ》が
根本《ねもと》で　寝《ね》ている

月が　眠《ねむ》るころ
孤独《こどく》なこころは
静かな　静かな者達になる

かみさまからのしゅくだい

生まれたとき
すべてを　もっているのに
そのときから
うしなっていく　ものがある

生まれたときの　ありようを
自分のありかを
さがすところから　はじめる

こどもの時間

おとなと　こどもの　さかい目は
おとなは　神様《かみさま》のそばから
遠ざかってしまった　ということ
こどもは　こどもの時間に
気づかないけれど

ひとは
こどもの時間を　ずっと　持《も》てたなら
ひとつの花が　ひらくような
きもちになれるのに

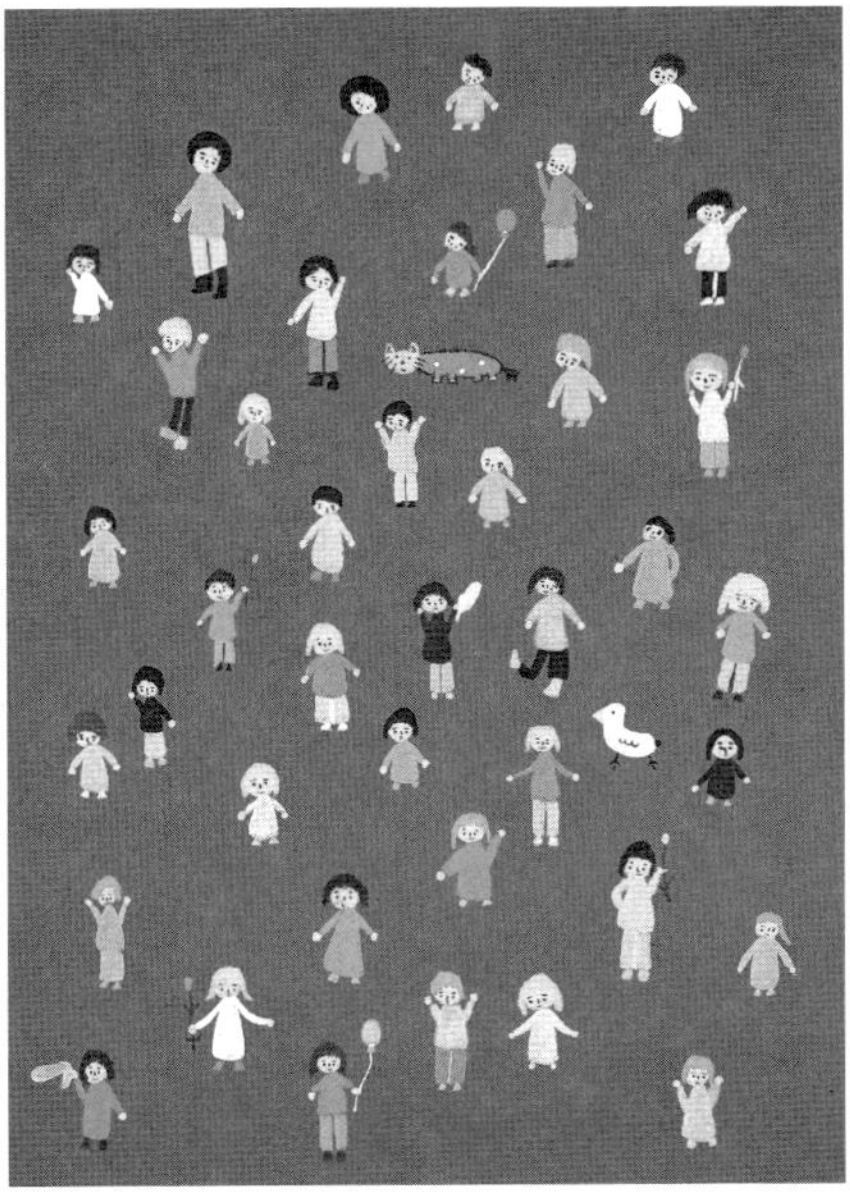

今

過《す》ぎ去《さ》った　永遠《えいえん》の時間
まだ来《こ》ぬ　永遠の時間
今　ここにいる　ぼく
つまらぬ時間を　捨《す》てる

生まれたばかりの　私《わたし》
ふりむかない　時計
ドッチン　トッチン

わたしの時間

太陽《たいよう》だけがあり
空は
鳥ひとつ　見えない
地球《ちきゅう》に住《す》むものは
みな
影《かげ》をもち
もっていないのは　太陽だけ
影は
わたしの　こころと
おなじには　うごかない

星を　のんだ
魚たちは　眠《ねむ》り
空の青さに　まぎれて見ることはできない
樹々《きぎ》も
花たちも　光るときがある
さわがしく動《うご》く　わたしの時間は
たちどまり
わたしを　ふりかえる

ことば

夜も　石も
月も　星も
人間以外《いがい》の　生きものも
ことばを　持《も》つことはなかった

針《はり》のない　時計のように
時を　ことばで
刻《きざ》むのは　つらいことなのだ

ことばは　魔術《まじゅつ》だと
賢人《けんじん》は　言う
魔法《まほう》を　手にした人間は
魔法に　かけられた　生きもの

夜も　石も
月も　星も
人間以外《いがい》の　生きものも
ことばを　持つことはなかった
けっして
魔法の杖《つえ》には　触《ふ》れなかった

虫の交響楽《こうきょうがく》

どんな虫が　鳴いているのか
夜の庭《にわ》を
さがしても　見つからない
星からのひかりは
虫の羽《はね》にも　とどいているはずなのに
夜は
昼の底《そこ》に　しずんでいるものが
かがやきはじめる　時間

麦穂《むぎほ》とてんとう虫

麦穂のてっぺんに
七星てんとう

生きることに
あくせくしないで
空を　見ている

かたつむり

アスファルトに　かためられた
田んぼの道を
草のあるところへと
わたっていく

とまって　やすんでいるのか
すすんでいるのか
じっと見ていないと　わからない

太陽《たいよう》が　まだのぼる前から
はってきたのか

その道すじは
白く光って　のこっているので
ずいぶんと
あるいてきたのだと　わかる

三月

かたく　とじていた　木《き》の芽《め》が
ふとってくる
空は
やわらかくなる

どろべったんで　あそんでいたなら
こころは
はだか

花

いっしゅんで　きえてしまうもの
それは　こどものじかん
いっしゅんなんて　言うのは
時間を　指《さ》しているのではない
時計は　言葉《ことば》を持《も》って
時を告《つ》げるが
時間がそもそも　何かなんて知らない

時間のことを　桜《さくら》の木は
知っているだろうか
雪に埋《う》もれて
誰《だれ》にも　気づかれずにいる　冬
春　いっせいに咲《さ》く花びらは

枯《か》れ木《き》のようになった
木のどこに　あったのだ
木の中の時間たちが
春になって
花に　生《う》まれ変《か》わったのなら
時間の正体は　花なのだ

にんげんは　時間が
何かわからないので
いつも時間を　気にして
身体《からだ》に時計を付《つ》けて
部屋中《へやじゅう》　時計にしている

今日　からだのなかの
花を　さがす

レンゲ畑《ばたけ》

春になると
家の前の　田んぼに
いちめんのレンゲが　咲《さ》いた

小さな花は
夜空から摘《つ》みとってきた
赤い星のようだった
みつばちの音
ねころがって見た　空

いつのまにか
レンゲ畑を　見なくなった
どこかで
春になると咲く　レンゲ畑に
おばあちゃんの子守唄《こもりうた》でも　聞かせたら
赤い小さな花は
また　夜空の星になるだろうか

空

青は青のまま
藍《あい》は藍のまま
赤ちゃんの　水晶体《すいしょうたい》は
見ることができる

青はかぎりなくかさなって
深海《しんかい》にすむ　魚のいのち
空のいのち

にごっていくものは
青をしらない
藍をしらない

深海《しんかい》

瞳《ひとみ》のなかの　その深《ふか》く　深くには
宇宙《うちゅう》の底《そこ》が　あるだろうか
星の魚がおよぐ　その深く深い
ひかりの行けないところ
銀河《ぎんが》や星団《せいだん》たちもいない場所《ばしょ》
ちいさなひかりが　おちてきて
いのちが　ひとつ
地球《ちきゅう》が　ひとつ

かぎりのある　この世界《せかい》
かぎりのある　この時間
瞳《ひとみ》のなかにすむ　魚
ひとは　いつしか　魚になって
またたくひかりの　あいだだけ
どれも　どれも
またたくひかりの　あいだだけ
じかんの海を　およぐのだ

ヤギと望遠鏡《ぼうえんきょう》と音楽

望遠鏡をのぞくと
ヤギが草を食べている
辺《あた》りは　黄色の花で　いっぱい
ヤギは　花を踏《ふ》まないようにして
草だけを食べるので
黄色の花だけが　残《のこ》っていく

今　こうしている間も
大地は　高温《こうおん》で燃《も》える恒星《こうせい》のまわりを
飛行《ひこう》している
４６億年×３６５日　のなかの
今日の一日

黄色の花々に　かこまれた
ヤギのいのちから
音楽が　聞こえてくるような日だ

古時計

ゼンマイで　うごく
はしら時計は
いなかの
古い家にあった

（ちっく　たっく　ちっく　ちっく　）
じかんは　うごいていると
おしえてくれていた

そのころの　ぼくは
ここちよい音を　聞いているだけで
自分のじかん　なんてことに
気づかないでいた

ルリイロコバナと鳥たち

だれも　とおることのない
草はらに
ルリイロコバナが　咲《さ》いた

夜になると
そこだけ
小さな火が　灯《つ》いたようだ

あかりを　見つけた
鳥たちが　おりてくる
鳥たちのまつり

梅《うめ》と満月《まんげつ》

ふわり　ふわり
咲《さ》きはじめた
梅の木の下で

犬は
満月を　まぶしいとおもう
さむさに　ふるえながら
花のにおいと　月のひかりが
しずかに　しずかに
犬のからだに　ふりそそぐ

人の住《す》む　明かりが
みんな　消《き》えてしまったあとに
花になる　木の胎内《たいない》に
ひとつの　明かりが灯《とも》ることを
犬は　知る

君《きみ》に

草の夜つゆが
月光で
銀色《ぎんいろ》に　ひかっていたり

草の上に
ねころんで

小さな　二つの目が
青い青い
空になったり

心が　すこしずつ
やわらかく　なっていくことが

からだに
満《み》ちてきたら

しあわせというのは
もう　ここに
時間という　すがたになって

君といっしょに
いるんだよ

月光に　ひかる
つゆの玉を　のぞいてごらん
お月さまが
ねむっている

Ⅱ　月のねこ

月のねこ

人のなかへ
行けない　朝

へやで
ねこのまねをした
（時間の外がわへ　行くために）

やらなければ　ならないことなんて
何もない
そばで　ねこが（あん）となく
陽《ひ》のなかにも　月はいる

海

とおいむかしの　海の庭《にわ》
砂漠《さばく》のような　砂《すな》ばかり
どこまでもつづく　砂と海
夢《ゆめ》のなかにもつづく　海の国
そこら　いちめんに
赤　黄　緑《みどり》と光るのは
海月《くらげ》のせいだ

人たちは

海の底《そこ》にある　砂漠や
天に上る酸素《さんそ》の泡《あわ》や　落《お》ちてくる星で
遊《あそ》んでいる魚たちのことを
一生かかっても　知ることはないだろう

また　ここに集《あつ》まる魚たちは
ヒレが一枚《いちまい》とれていたり
尾《お》びれがなかったり
海の庭に
迷《まよ》いこんでしまった魚たち

海は悲《かな》しむ
おつきさまは
月のくらげを　海に落《お》とす

誕生《たんじょう》

宇宙《うちゅう》が　まだ存在《そんざい》しなかった時
何にも無《な》かったと
誰《だれ》もが言う
無いところから
何か　起《お》こるだろうか
学者《がくしゃ》の語る　ビッグバン
超高温《ちょうこうおん》の光《ひかり》

動《うご》き始《はじ》めた　時間のなかで
君《きみ》とぼくは
超高温の　ひとつのかたまり

海《うみ》のなかを漂《ただよ》う
くらげのように
色とりどりの　銀河《ぎんが》
その　ひとつの体内に
取《と》りこまれた

太陽《たいよう》と地《ち》　球《きゅう》

この出来事《できごと》が
起《お》こる前の記憶《きおく》を
誰《だれ》か　持《も》っている者《もの》はいないか

朝の窓《まど》からは
金のひかりが　動《うご》いている

太陽《たいよう》と魚

魚は
急《きゅう》にさす光が　こわいので
石のあいだに　かくれる

じっと　うごかない
ながれる水のなかを
光のすじは
すこしずつ　水にさらわれていく

その上には
太陽が　からからと　まわっていることを
魚は　知らないのだろうか

水のなかの　風景《ふうけい》しか
見たことのない　魚

木《こ》の葉《は》

にんげんの　かなしみ
忘《わす》れられてしまった
からだのなかの　いのちは
かなしみに　ひたってはいない
からだのなかの　やさしさは
忘れられてしまった
かなしみを
からだの外へ出してくれる

木の葉や　いっときの風も
忘れていない
にんげんは
やさしいことや　いのちのことを
忘れてしまう　生きもの
いのちと
はなればなれになってしまった
かなしみは
木の葉に
すっかりと　ゆだねてしまえばいい
散《ち》らばってしまったものたちが
一枚《いちまい》の葉になって
わたしのところへ　もどってくる

生きもの

魚たちは
どこまでも　どこまでも
水の世界《せかい》

鳥たちは
どこまでも　どこまでも
地上から空へ

人間は　生きものたちの
悲《かな》しい王者《おうじゃ》
どこまでも　どこまでも
ことばの　奴隷《どれい》

囚《とら》われの　こころのままで
大地に立って　語ろうか
鳥みたいに
空になって　歌おうか

ひとつの生きものとして

みのむし

みのむしが
軒下《のきした》に　ゆれている
目に　見えぬほどの
ほそい一本の糸に　まもられて

枯葉《かれは》のかけらで
つむいだ　すみ家は
風の音に　さそわれる

まり

子どもは
まりのように
はねるのが　すきだ

ちからは
あしや　てのさきまで
みちて　みちて
ぜんたい
やわらかな　いのち

まんまる

ようへいの　歯《は》ぐきのなかに
しろい歯が
すきとおって　みえる

だいていると
つきたての　おもちのように
ぷくぷく　だ

ぼくの　手のうえに
おひさん　みたいな
よだれが　たれた

おっちょい

おっちょい
おっちょい
アリさんが
たんぽぽのたねを　かつぐ
おっちょい
おっちょい
（花びらを　ひらいて）

人も
おっちょい
おっちょい
はじめて　あるく

風は
おっちょい
おっちょい
空が　とぶ

蝶《ちょう》

あれほどの
よわい　よわい力で
おちながら　上がり
花のなかで
空のなかで

太陽《たいよう》のなかで
地球《ちきゅう》の重力《じゅうりょく》から
自由《じゆう》になる

カリン

うれて
おちていた　カリンをひろった
朝の中で
いちばん　明るくみえたから

朝ごはんのとき
手から
果実《かじつ》のにおいがした

何か
ぼくの中の
大事《だいじ》なものに
さわったような　きもちになった

ひとつ　ひとつ

ひとつ　ひとつ
ぜんぶ　そろったとき
はるは　おとずれる

ひとつ　ひとつ
ぜんぶ　そろったとき
花は　ひらく

ひとつ　ひとつ
ぜんぶ　そろったとき

きょうりゅうは　いなくなった

ひとつ　ひとつ
ぜんぶ　そろったとき
ぼくは　かあさんの
おなかの海にいた

ひとつ　ひとつ
ぜんぶ　そろったとき
ひかりは　銀河《ぎんが》になった

ひとつ　ひとつ
そろえていったら
かがやく　ぼくが　いる

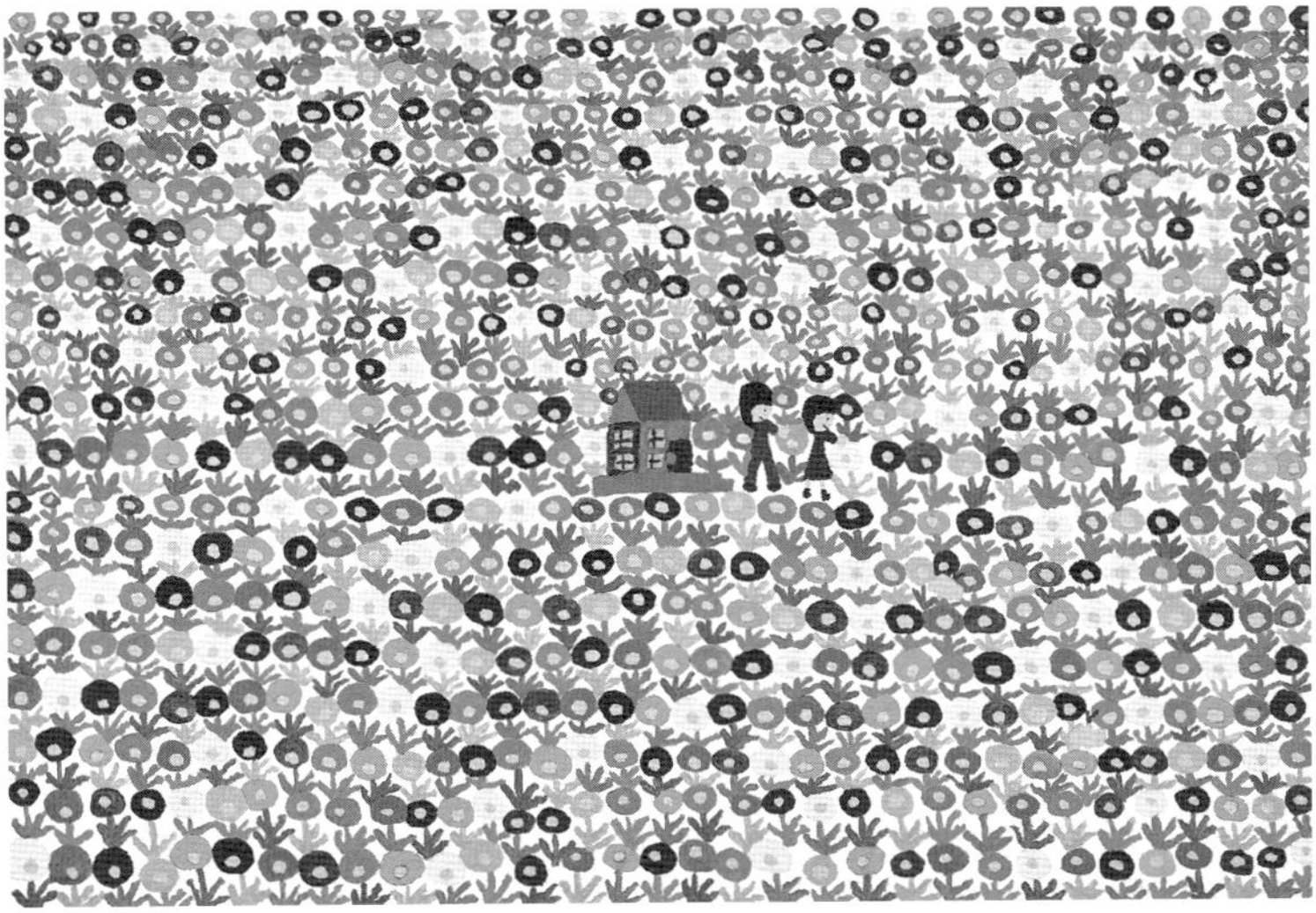

白いひげ

子どもを　見ると
涙《なみだ》が　出てきてしまう
おじいさん

いのちを
背負《せお》っていることの　かなしみ

子どもに　出会うと
空を　見上げる
おじいさん

巨樹《きょじゅ》のみどりが　空へのびる
動《うご》かぬものと
動いていくもの

ゆずの木

雨は　ゆずの木を　ぬらしていた
あまがえるは
葉《は》に　すわりこんでいる
目を閉《と》じ
ゆずの葉に
なってしまったかのように
うごかない

つらく　悲《かな》しいとき
あまがえるのように
雨のなか
じっと
していられるだろうか
枝《えだ》の　するどいとげは
ひとりぼっちの　悲《かな》しみ
雨は　一週間ふりつづいている

八重桜《やえざくら》

春のおわりに
八重桜が　庭《にわ》に咲《さ》いた
花は　明るく光っていた
しばらくして
庭いちめんに　おりたった

夏のはじめ
野バトは
八重桜に　巣《す》をつくりはじめた
二羽《わ》で　巣を守《まも》り　小枝《こえだ》をくわえてくる

雷《かみなり》　あらしのときも
風雨の中　巣を守《まも》った
ひなが　つばさをひらいたら
八重の木の
真夏《まなつ》に　光る花になる

鬼《おに》のあかり

里の小川に
うれた赤い実《み》が　ながれてくる
山は　ほおずきの実で　いっぱいだ
ほおずきの笛《ふえ》を
子どもたちが　鳴らすころ
山の鬼は　しあわせだ

そんな夜は
山に　赤い火が　ともる
山いっぱいの　ほおずきに
鬼が　あかりを　つけるんだ

星あかりと　赤い火で
ちら　ちら　ちか　ちか
里の小川も　火がともる

ねこ

ねこは　こころというものを
草むらのなかに　おいてきたり
屋根《やね》の上に　ころがしておいたり
それは　いつものように
ねこにとっては
あたりまえのことだ

空を眺《なが》めているときは
こころは　木々の葉《は》の間を
とびはねている
光がポロポロとおちてくる

日が沈《しず》み
ねぐらに帰るころになると
こころは
置《お》いてきぼりにされていたことに
はじめて不安《ふあん》になって
しっぽを　追《お》いかける

ようやく追いついた
しっぽのなかで　ゆらりとゆれる

あとがき

私の詩集を手に取ってくれた君との　小さな出会いに感謝します　またたったひとつでも　心に触れる作品があったなら良いのですが　この詩集に収められている作品は　同人誌や本に発表したものの中から良いと思えるものを選んだものです

私は　詩人であり童話作家の宮澤賢治が　とても大好きです　賢治は音楽を愛し　農民のために生き　そして仏教を深く信仰していました　何故なのでしょうか？　仏教となると難しく嫌となる人もいるかもしれませんが　実はとてもシンプルで深く広いのです　ブッダのことばのひとつを紹介して　私のあとがきにします

慈しみ

一切の生きとし生けるものは　幸福であれ　安穏であれ　安楽であれ　一切の生きとし生けるものは　幸いであれ　何人も他人をあざむいてはならない　たといどこにあっても他人を軽んじてはならない　互いに他人に　苦痛を与えることを望んではならない　この慈しみの心づかいを　しっかりとたもて

（ブッダのことば　スッタニパータ　中村元訳　岩波文庫より）

詩　イイジマ　ヨシオ

1957年　群馬県生まれ
地元工業高校卒業　伯母の工場に
この間保育士資格を得て　保育園　学童保育所勤務
その後食品工場　遺跡発掘作業員等
詩集　太陽と魚（私家版）
みみずく同人

絵　ねむの木学園のこどもたち

ねむの木学園とは、女優宮城まり子が開設した障がいをもつこどもたちの施設及び特別支援学校。美術・音楽・ダンス・茶道など芸術性を重視した教育により感性を育て、それによって集中力を高める集中感覚教育を実践。こどもたちの作品を展示する「ねむの木こども美術館」、作家吉行淳之介の遺品などを展示する「吉行淳之介文学館」、こどもたちがお点前を披露する茶室「和心庵」などを一般に開放。

所在地：静岡県掛川市上垂木　あかしあ通り
問合せ先：0537-26-3900
ホームページ：https://www.nemunoki.or.jp
交通案内：東名高速道路　掛川インターから約20分
　　　　　新東名高速道路　森・掛川インターから約15分
　　　　　掛川駅（JR東海道新幹線、JR東海道本線、天竜浜名湖鉄道）からバスで約20分

画稿一覧『木のなかの時間』イイジマヨシオ詩集（ジュニアポエムNo.316）
絵・ねむの木学園のこどもたち

掲載順	掲載ページ	画像	作品名	作者名
1	表紙		ねむの木の森でおかあさんとうたったよ	おおさこたいすけ
2	本扉	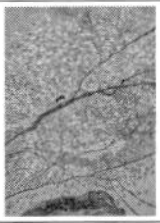	夏、涼しい場所へ	むらまつきよみ
3	もくじ扉ともくじ（P.1・２・３・４）	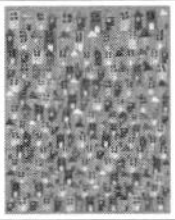	思い出のまち	はやかわせりと
4	P.5	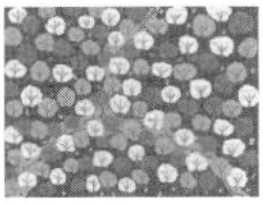	森の中から流れる川	はやかわせりと
5	P.11	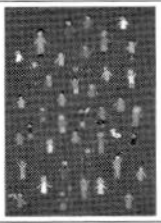	世界中の子ども達、へいわな世界になりますように	おおさこたいすけ
6	P.19		お空にとどきますように	むらまつきよみ
7	P.31		春です。みんながしあわせでありますように	ほんめつとむ
8	P.45		お花の中のしまねこ	おのたえこ
9	P.61		せーのっ　おかあさーん	なかだよしえ
10	P.71	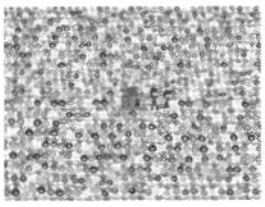	お花にかこまれて	やましたゆみこ
11	P.73		夕方の空	やましたゆみこ

NDC911
神奈川　銀の鈴社　2024
86頁　21cm（木のなかの時間）

ジュニアポエムシリーズ　316　　2024年9月30日初版発行
本体1,600円＋税

木のなかの時間

著　　者　イイジマ　ヨシオ©　ねむの木学園のこどもたち・絵
発 行 者　西野大介
編集発行　㈱銀の鈴社 TEL 0467-61-1930　FAX 0467-61-1931
〒248-0017 神奈川県鎌倉市佐助1-18-21万葉野の花庵
https://www.ginsuzu.com
E-mail　info@ginsuzu.com

ISBN978－4－86618－167－7　C8092　　印刷　電算印刷
落丁・乱丁本はお取り替え致します　　製本　渋谷文泉閣

…ジュニアポエムシリーズ…

1 鈴木敏史詩集・宮下琢郎絵　星の美しい村 ★☆
2 小池知子詩集・高志孝子絵　おにわいっぱいぼくのなまえ ★☆
3 鶴岡千代子詩集・武田淑子絵　白い虹 児文芸新人賞
4 楠木しげお詩集・久保雅勇絵　カワウソの帽子
5 津坂治男詩集・垣内美穂絵　大きくなったら ★◇
6 後藤れい子詩集・山本まつ子絵　あくたれぼうずのかぞえうた
7 北村蔦子詩集・柿本幸造絵　あかちんらくがき
8 吉田瑞穂詩集・吉田翠絵　しおまねきと少年 ★⊠◎
9 新川和江詩集・葉祥明絵　野のまつり ★☆
10 阪田寛夫詩集・織茂恭子絵　夕方のにおい ★◆☆○
11 高田敏子詩集・若山憲絵　枯れ葉と星 ★☆
12 原田直友詩集・吉田翠絵　スイッチョの歌 ★◎
13 小林純一詩集・久保雅勇絵　茂作じいさん ★⊙♪☆◎
14 谷川俊太郎詩集・長新太絵　地球へのピクニック ★◎◇
15 与田準一詩集・深沢省三・深沢紅子絵　ゆめみることば ★

16 岸田衿子詩集・中谷千代子絵　だれもいそがない村
17 江間章子詩集・榊原直美絵　水と風 ◇◎
18 原田直友詩集・小野まり絵　虹―村の風景― ★
19 福田正夫詩集・福田達夫絵　星の輝く海 ★☆
20 草野心平詩集・長野ヒデ子絵　げんげと蛙 ★☆○◇
21 宮田滋子詩集・青木まさる絵　手紙のおうち ☆○
22 久保田昭三詩集・斎藤彬子絵　のはらでさきたい
23 鶴岡千代子詩集・加倉井和夫・武田淑子絵　白いクジャク ★♪
24 尾上尚子詩集・まど・みちお絵　そらいろのビー玉 ★☆ 児文協新人賞
25 水上紅詩集・深沢紅子絵　私のすばる ☆
26 野呂昶詩集・福島一二三絵　おとのかだん ★
27 こやま峰子詩集・武田淑子絵　さんかくじょうぎ ☆
28 青戸かいち詩集・駒宮録郎絵　ぞうの子だって
29 まきたかし詩集・福田達夫絵　いつか君の花咲くとき ★☆♡
30 薩摩忠詩集・駒宮録郎絵　まっかな秋 ★☆♡

31 新川和江詩集・福島一二三絵　ヤァ！ヤナギの木 ★☆○♡
32 井上靖詩集・駒宮録郎絵　シリア沙漠の少年 ★☆♡
33 古村徹三詩・絵　笑いの神さま
34 江上波夫詩集・青空風太郎絵　ミスター人類 ○☆
35 秋原秀夫詩集・鈴木義治絵　風の記憶 ★◎
36 水村三千夫詩集・武田淑子絵　鳩を飛ばす
37 久冨純江詩集・渡辺安芸夫絵　風車　クッキングポエム
38 日野生三詩集・吉野晃希男絵　雲のスフィンクス ★
39 佐藤雅子詩集・佐藤太清・広瀬きよみ絵　五月の風 ★
40 小黒恵子詩集・武田淑子絵　モンキーパズル ★
41 木村信子詩集・山本典子絵　でていった
42 中野栄子詩集・吉田翠絵　風のうた ☆
43 宮田滋子詩集・牧村慶子絵　絵をかく夕日 ★
44 大久保ティ子詩集・渡辺安芸夫絵　はたけの詩 ★☆
45 秋原秀夫詩集・赤星亮衛絵　ちいさなともだち ♥

☆日本図書館協会選定（2015年度で終了）
★全国学校図書館協議会選定（SLA）
□少年詩賞　■茨城県すいせん図書
○厚生省中央児童福祉審議会すいせん図書
♪日本童謡賞　♧岡山県選定図書
♡日本子どもの本研究会選定
♥秋田県選定図書
♣愛媛県教育会すいせん図書
◇岩手県選定図書
◆京都府選定図書
⊠芸術選奨文部大臣賞
⊙赤い鳥文学賞　◆赤い靴賞

…ジュニアポエムシリーズ…

46 日友靖子詩集 藤城清治・安西明美・絵 猫曜日だから ◆☆
47 秋葉てる代詩集 武田淑子・絵 ハープムーンの夜に ♡
48 こやま峰子詩集 山本省三・絵 はじめのいーっぽ ★♡
49 黒柳啓子詩集 金子滋・絵 砂かけ狐 ♡
50 三枝ますみ詩集 武田淑子・絵 ピカソの絵 ☆♡♪
51 夢虹二詩集 武田淑子・絵 とんぼの中にぼくがいる ♡○♥
52 はたちよしこ詩集 まど・みちお・絵 レモンの車輪 □♧
53 大岡信詩集 葉祥明・絵 朝の頌歌 ★☆♡♥◎
54 吉田瑞穂詩集 吉田翠・絵 オホーツク海の月 ★☆♡
55 さとう恭子詩集 村上保・絵 銀のしぶき ★☆♡
56 星乃ミミナ詩集 葉祥明・絵 星空の旅人 ★☆♡
57 葉祥明詩・絵 ありがとう そよ風 ★♡▲
58 青戸かいち詩集 初山滋・絵 双葉と風
59 小野ルミ詩集 和田誠・絵 ゆきふるるん ★☆♪♡
60 なぐもはるき詩・絵 たったひとりの読者 ★♡♧

61 小関秀夫詩集 小倉玲子・絵 風《かざ》 栞《しおり》 ★♡♥
62 海沼松世詩集 守下さおり・絵 かげろうのなか ☆♡
63 山本龍生詩集 小倉玲子・絵 春行き一番列車 ♡
64 小泉周二詩集 深沢省三・絵 こもりうた ★☆♡
65 かわてせいぞう詩集 若山憲・絵 野原のなかで ♡★♥
66 えぐちまき詩集 赤星亮衛・絵 ぞうのかばん ♡◆♥
67 池田あきつ詩集 小倉玲子・絵 天気雨 ♡
68 藤井則行詩集 君島美知子・絵 友へ ♡♤
69 藤哲生詩集 武田淑子・絵 秋いっぱい ★♠
70 日友靖子詩集 深沢紅子・絵 花天使を見ましたか ★
71 吉田瑞穂詩集 吉田翠・絵 はるおのかきの木 ★
72 小島禄琅詩集 中村陽子・絵 海を越えた蝶 ☆★♥♡
73 にしおまさこ詩集 杉田幸子・絵 あひるの子 ★
74 山下竹二詩集 徳田徳志芸・絵 レモンの木 ★
75 高崎乃理子詩集 奥山英俊・絵 おかあさんの庭 ★♡

76 檜きみこ詩集 広瀬弦・絵 しっぽいっぽん ★♪☆□♡
77 たかはしけいこ詩集 高田三郎・絵 おかあさんのにおい ♡♣□
78 星乃ミミナ詩集 深澤邦朗・絵 花かんむり ♥☆♡
79 佐藤照雄詩集 津波信久・絵 沖縄 風と少年 ☆♡★
80 相馬梅子詩集 やなせたかし・絵 真珠のように ♥★
81 小島禄琅詩集 深沢紅子・絵 地球がすきだ ★
82 鈴木美智子詩集 黒澤梧郎・絵 龍のとぶ村 ◇★♥
83 いがらしれいこ詩集 高田三郎・絵 小さなてのひら ☆
84 宮入黎子詩集 小倉玲子・絵 春のトランペット ☆★
85 下田喜久美詩集 方振寧・絵 ルビーの空気をすいました ☆
86 野呂昶詩集 方振寧・絵 銀の矢ふれふれ ★
87 ちよはらまちこ詩・絵 パリパリサラダ ★
88 秋原秀夫詩集 徳田徳志芸・絵 地球のうた ☆★
89 中島あやこ詩集 井上緑・絵 もうひとつの部屋 ★
90 藤川こうのすけ詩集 葉祥明・絵 こころインデックス ☆

✻サトウハチロー賞
☼三木露風賞
♤福井県すいせん図書
▲神奈川県児童福祉審議会推薦優良図書
♠奈良県教育研究会すいせん図書
♧北海道選定図書
◈静岡県すいせん図書
◎学校図書館図書整備協会選定図書（SLBA）
✣毎日童謡賞
❀三越左千夫少年詩賞

…ジュニアポエムシリーズ…

91 新井　和詩集・高田　三郎絵　おばあちゃんの手紙 ☆★
92 はなわたえこ詩集・えばとかつこ絵　みずたまりのへんじ ★♪
93 柏木恵美子詩集・武田　淑子絵　花のなかの先生 ☆
94 中原千津子詩集・寺内　直美絵　鳩への手紙 ★
95 高瀬美代子詩集・小倉　玲子絵　仲なおり ★
96 杉本深由起詩集・若山　憲絵　トマトのきぶん ☆★◎ 児文芸新人賞
97 宍倉さとし詩集・守下さおり絵　海は青いとはかぎらない ♧
98 石井　英行詩集・有賀　忍絵　おじいちゃんの友だち ■
99 なかのひろ詩集・アサト・シェラ絵　とうさんのラブレター ☆★
100 小松　静江詩集・藤川　秀之絵　古自転車のバットマン
101 石原　一輝詩集・加藤　真夢絵　空になりたい ☆❖★
102 小泉　周二詩集・西　真里子絵　誕生日の朝 ☆■★
103 くすのきしげのり童謡・わたなべあきお絵　いちにのさんかんび ☆★
104 成本　和子詩集・小倉　玲子絵　生まれておいで ☆★❖♡♧
105 伊藤　政弘詩集・小倉　玲子絵　心のかたちをした化石 ★
106 川崎　洋子詩集・井戸　妙子絵　ハンカチの木 □★☆
107 柘植　愛子詩集・油野　誠一絵　はずかしがりやのコジュケイ ❖
108 新谷智恵子詩集・葉　祥明絵　風をください ☆◈☼♪♡✣
109 金親　尚子詩集・牧　進絵　あたたかな大地 ☆
110 黒柳　啓子詩集・吉田　翠絵　父ちゃんの足音 ☆★♡□
111 富田　栄子詩集・油野　誠一絵　にんじん笛 ♡☆
112 原　国子詩集・高畠　純絵　ゆうべのうちに ☆△
113 宇部　京子詩集・スズキコージ絵　よいお天気の日に ○□♪☆◇★
114 武鹿　悦子詩集・牧野　鈴子絵　お花見 ☆□
115 山本なおこ詩集・梅田　俊作絵　さりさりと雪の降る日 ☆★
116 小林比呂古詩集・おおた慶文絵　ねこのみち ☆
117 後藤れい子詩集・渡辺あきお絵　どろんこアイスクリーム ☆
118 重清　良吉詩集・高田　三郎絵　草の上 ☆□❁◆★
119 宮中　雲子詩集・西　真里子絵　どんな音がするでしょか ✲★
120 前山　敬子詩集・若山　憲絵　のんびりくらげ ☆★
121 川端　律子詩集・若山　憲絵　地球の星の上で ♡
122 たかはしけいこ詩集・織茂　恭子絵　とうちゃん ♡❁♣★
123 宮田　滋子詩集・深澤　邦朗絵　星の家族 ☆♪
124 国沢たまき詩集・唐沢　静絵　新しい空がある
125 池田あきつ詩集・小倉　玲子絵　かえるの国 ★
126 黒田　恵子詩集・倉島千賀子絵　ボクのすきなおばあちゃん ☆★♡
127 垣内　磯子詩集・宮崎　照代絵　よなかのしまうまバス ☆♡★
128 小泉　周二詩集・佐藤　平八絵　太陽へ ❁★♪☆♡
129 中島　和子詩集・秋里　信子絵　青い地球としゃぼんだま ☆★
130 のろさかん詩集・福島　一二三絵　天のたて琴 ☆
131 加藤　丈夫詩集・葉　祥明絵　ただ今受信中 ☆★
132 北原　悠子詩集・深沢　紅子絵　あなたがいるから ♡
133 池田もと子詩集・小倉　玲子絵　おんぷになって ♡
134 鈴木　初江詩集・吉田　翠絵　はねだしの百合 ★
135 垣内　磯子詩集・今井　俊絵　かなしいときには ★

△長野県教育委員会すいせん図書　✡㈶日本動物愛護協会推薦図書
◈茨城県推奨図書　●児童ペン賞

…ジュニアポエムシリーズ…

136 秋葉てる代詩集 やなせたかし・絵 おかしのすきな魔法使い ♪★
137 青戸かいち詩集 永田萠・絵 小さなさようなら ✿★
138 柏木恵美子詩集 高田三郎・絵 雨のシロホン ♡★
139 藤井則行詩集 阿見みどり・絵 春だから ♡★◎
140 黒田勲子詩集 山中冬児・絵 いのちのみちを
141 南郷芳明詩集 的場豊子・絵 花時計
142 やなせたかし詩・絵 生きているってふしぎだな
143 内田麟太郎詩集 斎藤隆夫・絵 うみがわらっている
144 しまざきふみ詩集 島崎奈緒・絵 こねこのゆめ ♡
145 糸永えつこ詩集 武井武雄・絵 ふしぎの部屋から ♡
146 石坂きみこ詩集 鈴木英二・絵 風の中へ ♡
147 坂本のこ詩集 坂本こう・絵 ぼくの居場所 ♡
148 島村木綿子詩・絵 森のたまご ✿
149 楠木しげお詩集 わたせせいぞう・絵 まみちゃんのネコ ★
150 牛尾良子詩集 上矢津・絵 おかあさんの気持ち ♡

151 三越左千夫詩集 阿見みどり・絵 せかいでいちばん大きなかがみ ★
152 水村三千夫詩集 高見八重子・絵 月と子ねずみ
153 川越文子詩集 横松桃子・絵 ぼくの一歩 ふしぎだね ★
154 すずきゆかり詩集 葉祥明・絵 まっすぐ空へ
155 西田純詩集 葉祥明・絵 木の声 水の声
156 清野倭文子詩集 水科舞・絵 ちいさな秘《ひ》密《みつ》
157 川奈静詩集 直江みちる・絵 浜ひるがおはパラボラアンテナ ★◎
158 若木良水詩集 西真里子・絵 光と風の中で
159 牧陽子詩集 渡辺あきお・絵 ねこの詩 ★◎
160 宮田滋子詩集 阿見みどり・絵 愛 一輪 ★◎
161 井上灯美子詩集 唐沢静・絵 ことばのくさり ☆♪
162 滝波万理子詩集 滝波裕子・絵 みんな王《おう》様《さま》 ★♪
163 冨岡みち詩集 関口コオ・絵 かぞえられへん せんぞさん ★
164 垣内磯子詩集 辻恵子・切り絵 緑色のライオン ★◎
165 すぎもとれいこ詩集 平井辰夫・絵 ちょっといいことあったとき ★

166 岡田喜代子詩集 おぐらひろかず・絵 千年の音 ★☆◎
167 川奈静詩集 直江みちる・絵 ひもの屋さんの空 ★◎☆♥♡
168 鶴岡千代子詩集 武田淑子・絵 白い花火 ★☆
169 井上灯美子詩集 唐沢静・絵 ちいさい空をノックノック ★◎☆
170 尾崎杏子詩集 ひなた山すじゅう郎・絵 海辺のほいくえん ☆♡★◎
171 柘植愛子詩集 やなせたかし・絵 たんぽぽ線路 ☆♡★◎♪
172 小林比呂古詩集 うめざわのりお・絵 横須賀スケッチ ☆★◎♡▲
173 林佐知子詩集 串田敦子・絵 きょうという日 ☆★◎♡▲
174 後藤基宗子詩集 岡澤由紀子・絵 風とあくしゅ ☆♥★◎♡
175 土屋律子詩集 高瀬のぶえ・絵 るすばんカレー ☆♡★◎▲
176 三輪アイ子詩集 深沢邦朗・絵 かたぐるましてよ ★☆♡
177 田辺瑞美子詩集 西真里子・絵 地球賛歌 ☆★◎
178 高瀬美代子詩集 小倉玲子・絵 オカリナを吹く少女 ☆♡
179 中野惠子詩集 串田敦子・絵 コロポックルでておいで ★♡☆♪
180 松井節子詩集 阿見みどり・絵 風が遊びにきている ★☆♡▲

…ジュニアポエムシリーズ…

181 新谷智恵子詩集 徳田徳志芸・絵 とびたいペンギン 佐世保文学賞 ♡★◎▲
182 牛尾良子詩集 牛尾征治・写真 庭のおしゃべり ♡★◎
183 三枝ますみ詩集 高見八重子・絵 サバンナの子守歌 ☆★
184 佐藤雅子詩集 佐藤太清 菊池治子・絵 空の牧《まき》場《ば》 ☆★♡■◎◈
185 山内弘子詩集 おぐらひろかず・絵 思い出のポケット ♡★♪
186 山内弘子詩集 阿見みどり・絵 花の旅人 ♡★▲
187 原国子詩集 牧野鈴子・絵 小鳥のしらせ ♡★△◎
188 人見敬子詩・絵 方《はこ》舟《ぶね》地球号 —いのちは元気— ♡★◎
189 林佐知子詩集 串田敦子・絵 天にまっすぐ ★☆♡◎
190 小臣富子詩集 渡辺あきお・絵 わんさかわんさかどうぶつさん ✡♡★◎
191 川越文子詩集 かまだちえみ・写真 もうすぐだからね ♡★◎
192 永田喜久男詩集 武田淑子・絵 はんぶんごっこ ☆★◎♡
193 吉田房子詩集 大和田明代・絵 大地はすごい ★◎♡▲
194 石井春香詩集 髙見八重子・絵 人魚の祈り ★♡
195 石原一輝詩集 小倉玲子・絵 雲のひるね ♡
196 たかはしけいこ詩集 髙橋敏彦・絵 そのあと ひとは ★
197 宮田滋子詩集 おおた慶文・絵 風がふく日のお星さま ★♡◎
198 渡辺恵美子詩集 つるみゆき・絵 空をひとりじめ ★♡♪
199 宮中雲子詩集 西真里子・絵 手と手のうた ★
200 杉本深由起詩集 太田大八・絵 漢字のかんじ ★♡❀
201 井上灯美子詩集 唐沢静・絵 心の窓が目だったら ★♡
202 峰松晶子詩集 おおた慶文・絵 きばなコスモスの道 ★♡
203 高橋文子詩集 山中桃子・絵 八丈太鼓 ★♡
204 長野貴子詩集 武田淑子・絵 星座の散歩 ★♡
205 江口正子詩集 髙見八重子・絵 水の勇気 ♡☆★
206 藤本美智子詩・絵 緑のふんすい ☆♡★
207 林佐知子詩集 串田敦子・絵 春はどどど ♡★◎
208 小関秀夫詩集 阿見みどり・絵 風のほとり ☆♡★▲
209 宗美津子詩集 宗信寛・絵 きたのもりのシマフクロウ ♡★
210 かわてせいぞう詩集 髙橋敏彦・絵 流れのある風景 ☆♡★
211 土屋律子詩集 高瀬のぶえ・絵 ただいまぁ ★♡☆◎▲
212 永田喜久男詩集 武田淑子・絵 かえっておいで ☆♡★
213 みたみちこ詩集 牧進・絵 いのちの色 ♡★
214 糸永えつこ詩集 糸永わかこ・絵 母です 息子です おかまいなく ♡☆★
215 宮田滋子詩集 武田淑子・絵 さくらが走る ♡☆★♪
216 柏木恵美子詩集 吉野晃希男・絵 ひとりぼっちの子クジラ ♡★◎
217 江口正子詩集 髙見八重子・絵 小さな勇気 ♡☆★
218 井上灯美子詩集 唐沢静・絵 いろのエンゼル ★♡
219 中島あやこ詩集 日向山寿十郎・絵 駅伝競走 ★☆♡
220 高橋孝治詩集 髙見八重子・絵 空の道 心の道 ★♡
221 江口正子詩集 日向山寿十郎・絵 勇気の子 ♡☆★
222 宮田滋子詩集 牧野鈴子・絵 白鳥よ ☆★
223 井上良子詩集 銅版画 太陽の指環 ★
224 川越文子詩集 山中桃子・絵 魔法のことば ♡☆★
225 西本みさこ詩集 上司かのん・絵 いつもいっしょ ☆♡

…ジュニアポエムシリーズ…

- 226 おばらいちこ詩集 高見八重子・絵 ぞうのジャンボ ☆★♡
- 227 吉田房子詩集 本田あまね・絵 まわしてみたい石臼 ★♡
- 228 吉田房子詩集 阿見みどり・絵 花　詩　集 ★♡◎
- 229 田中たみ子詩集 唐沢静・絵 へこたれんよ ★◎
- 230 林佐知子詩集 串田敦子・絵 この空につながる ★♡
- 231 藤本美智子 詩・絵 心のふうせん ★♡
- 232 火星雅範詩集 西川律子・絵 ささぶねうかべたよ ★♡▲
- 233 吉田房子詩集 岸田歌子・絵 ゆりかごのうた ★♡
- 234 むらかみみちこ詩集 むらかみあくる・絵 風のゆうびんやさん ★♡
- 235 白谷玲花詩集 阿見みどり・絵 柳川白秋めぐりの詩 ★♡
- 236 ほさかとしこ詩集 内山つとむ・絵 神さまと小鳥 ★☆♡
- 237 内田麟太郎詩集 長野ヒデ子・絵 まぜごはん ☆★◎♡▲
- 238 小林比呂古詩集 出口雄大・絵 きりりと一直線 ♡★
- 239 牛尾良子詩集 おぐらひろかず・絵 うしの土鈴とうさぎの土鈴 ★◎♡
- 240 山本純子詩集 ルイコ・絵 ふ　ふ　ふ ★♡☆◎
- 241 神田亮 詩・絵 天使の翼 ★☆♡
- 242 かんざわみえ詩集 阿見みどり・絵 子供の心大人の心さ迷いながら ☆★◎▲
- 243 永田喜久男詩集 内山つとむ・絵 つながっていく ★☆♡
- 244 浜野木碧 詩・絵 海原散歩 ☆★◎♡
- 245 やまうち・しゅうへい詩集 山本省三・絵 風のおくりもの ☆★◎♡
- 246 すぎもとれいこ 詩・絵 てんきになあれ ★◎
- 247 冨岡みち詩集 加藤真夢・絵 地球は家族 ひとつだよ ♡☆◎★
- 248 北野千賀詩集 滝波裕子・絵 花束のように ♡☆★◎
- 249 石原一輝詩集 加藤真夢・絵 ぼくらのうた ♡★◎
- 250 土屋律子詩集 高瀬のぶえ・絵 まほうのくつ ♡☆★◎▲
- 251 津坂治男詩集 井上良子・絵 白い太陽 ☆♡★◎
- 252 石井英行詩集 よしだちなつ・表紙絵 野原くん ☆★♡◎▲
- 253 井上灯美子詩集 唐沢静・絵 たからもの ☆♡★
- 254 大竹典子詩集 加藤真夢・絵 おたんじょう ☆★
- 255 たかはしけいこ詩集 織茂恭子・絵 流れ星 ★♡
- 256 谷川俊太郎詩集 下田昌克・絵 そして ♡★◎
- 257 なんば・みちこ詩集 布下満・絵 トックントックン 大空で大地で ★◎
- 258 宮本美智子詩集 阿見みどり・絵 夢の中に そっと ★◎♡
- 259 成本和子詩集 阿見みどり・絵 天使の梯子 ★◎
- 260 海野文音詩集 牧野鈴子・絵 ナンドデモ ★♡
- 261 熊谷本郷詩集 永田萠・絵 かあさん かあさん ★♡
- 262 大楠翠詩集 吉野晃希男・絵 おにいちゃんの紙飛行機 ★♡♪
- 263 久保恵子詩集 たかせちなつ・絵 わたしの心は 風に舞う ★♡
- 264 みずかみさやか詩集 葉祥明・絵 五月の空のように ★♡
- 265 尾崎昭代詩集 中辻アヤ子・絵 たんぽぽの日 ★
- 266 はやしゆみ詩集 渡辺あきお・絵 わたしはきっと小鳥 ★
- 267 田沢節子詩集 永田萠・絵 わき水ぷっくん △★♡
- 268 柘植愛子詩集 そねはらまさえ・絵 赤いながぐつ ★♡
- 269 馬場与志子詩集 日向山寿十郎・絵 ジャンケンポンでかくれんぼ ♡★
- 270 内田麟太郎詩集 高畠純・絵 たぬきのたまご ★●♡

…ジュニアポエムシリーズ…

271 むらかみみちこ 詩・絵 家族のアルバム ★♡
272 井上和子詩集 吉田瑠美・絵 風のあかちゃん ★♡
273 佐藤一志詩集 日向山寿十郎・絵 自然の不思議 ♡★
274 小沢千恵 詩・絵 やわらかな地球 ♡★
275 あべこうぞう詩集 大谷さなえ・絵 生きているしるし ♡★
276 宮田滋子詩集 田中槇子・絵 チューリップのこもりうた ★♡
277 林佐知子詩集 葉祥明・絵 空の日 ★♡
278 いしがいようこ 詩・絵 ゆれる悲しみ ★♡
279 村瀬保子詩集 武田淑子・絵 すきとおる朝 ♡★
280 あわのゆりこ詩集 高畠純・絵 まねっこ ★♡
281 川越文子詩集 福田岩緒・絵 赤い車 ★♡
282 白石はるみ詩集 かないゆみこ・絵 エリーゼのために ★♡
283 尾崎杏子詩集 日向山寿十郎・絵 ぼくの北極星 ♡★
284 壱岐梢詩集 葉祥明・絵 ここに ★
285 野口正路詩集 山手正彦・絵 光って生きている ★◎

286 樋口てい子詩集 串田敦子・絵 ハネをもったコトバ ★◎
287 火星雅範詩集 西川律子・絵 ささぶねにのったよ
288 大楠翠詩集 吉野晃希男・絵 はてなとびっくり ★◎✿
289 大澤清詩集 阿見みどり・絵 組曲 いかに生きるか ★
290 たかはしけいこ詩集 織茂恭子・絵 いっしょ ★♡◎
291 内田麟太郎詩集 大野八生・絵 なまこのぽんぽん ★◎○
292 はやしゆみ詩集 はなてる・絵 こころの小鳥 ♡★◎
293 いしがいようこ 詩・絵 あ・そ・ぼ！ ★♡◎
294 帆草とうか 詩・絵 空をしかくく 切りとって ★♡
295 土屋律子詩集 吉野晃希男・絵 コピーロボット ★◎♡
296 川上佐貴子詩集 はなてる・絵 アジアのかけ橋 ♡★◎
297 西沢杏子詩集 東逸子・絵 さくら貝とプリズム ♡★◎
298 鈴木初江詩集 小倉玲子・絵 めぐりめぐる水のうた ★◎
299 白谷玲花詩集 牧野鈴子・絵 母さんのシャボン玉 ◎★
300 ゆふあきら詩集 ゆふくみこ・絵 やまぐちかおる・絵 すずめのバスケ ♡★◎

301 半田信和詩集 吉野晃希男・絵 ギンモクセイの枝先に ★◎
302 弓削田健介詩集 葉祥明・絵 優《やさ》しい詩《うた》のお守《まも》りを ★♡
303 内田麟太郎詩集 井上コトリ・絵 たんぽぽ ぽぽぽ ★◎♡
304 宮本美智子詩集 阿見みどり・絵 水色の風の街 ★◎♡
305 星野良一詩集 ながしまよいち・絵 星の声、星の子へ ◎♡★✿
306 うたかいずみ詩集 しんやゆう子・絵 あしたの木 ♪♡★◎
307 藤本美智子 詩・絵 木の気分 ♡★◎
308 大迫弘和詩集 葉祥明・絵 ルリビタキ ★◎
309 林佐知子詩集 高見八重子・絵 いのちの音 ★
310 森木林詩集 葉祥明・絵 あたたかな風になる ★♡
311 内田麟太郎詩集 かみやしん・絵 たちつてと ★♡
312 星野良一詩集 ながしまよいち・絵 スターライト ★◎♡
313 雨森政恵詩集 おむらまりこ・絵 いのちの時間 ★◎
314 神内八重詩集 田辺玲・絵 あたま なでてもろてん
315 網野秋詩集 西川律子・絵 ことばの香り

銀の小箱シリーズ　四六変型

- 葉 祥明・詩・絵　小さな庭
- 若山 憲・詩・絵　白い煙突
- こばやしひろこ・詩　うめざわのりお・絵　みんななかよし
- 江口正子・詩　油野誠一・絵　みてみたい
- やなせたかし・詩・絵　あこがれよなかよくしよう
- 冨岡みち・詩　関口コオ・絵　ないしょやで
- 小林比呂古・詩　神谷健雄・絵　花かたみ
- 小泉周二・詩　辻 友紀子・絵　誕生日・おめでとう
- 柏原耿子・詩　阿見みどり・絵　アハハ・ウフフ・オホホ★♡▲
- こばやしひろこ・詩　うめざわのりお・絵　ジャムパンみたいなお月さま★▲

小さな詩の絵本　オールカラー・A6判

- 内田麟太郎・詩　たかすかずみ・絵　いっしょに　♡★◎

すずのねえほん　B5判・A4変型版

- たかはしけいこ・詩　中釜浩一郎・絵　わたし★◎
- 尾上尚子・詩　小倉玲子・絵　ぽわぽわん
- 糸永えつこ・詩　高見八重子・絵　はるなつあきふゆもうひとつ★ 児文芸新人賞
- 山口敦子・詩　高橋宏幸・絵　ばあばとあそぼう
- あらい・まさはる・童謡　しのはらはれみ・絵　けさいちばんのおはようさん
- 佐藤雅子・詩　佐藤太清・絵　こもりうたのように♪ 美しい日本の12ヵ月　日本童謡賞
- 柏木隆雄・詩　やなせたかし他・絵　かんさつ日記★♡
- アンリエッタ・マルツィンケヴィチウス・詩　ラサ・ヤンチャウスカイテ・絵　きむらあや・訳　ちいさなちいさな♡◎★

銀の鈴文庫　文庫サイズ・A6判

- 小沢千恵・詩　下田昌克・絵　あのこ　♡▲

アンソロジー　A5判

- 渡辺浦人・編　村上保・絵　赤い鳥 青い鳥♪
- わたげの会・編　渡辺あきお・絵　花ひらく★
- 木曜会・編　西真里子・絵　いまも星はでている★
- 木曜会・編　西真里子・絵　いったりきたり♡
- 木曜会・編　西真里子・絵　宇宙からのメッセージ
- 木曜会・編　西真里子・絵　地球のキャッチボール★◎
- 木曜会・編　西真里子・絵　おにぎりとんがった☆★◎
- 木曜会・編　西真里子・絵　みぃーつけた♡★◎
- 木曜会・編　西真里子・絵　ドキドキがとまらない
- 木曜会・編　西真里子・絵　神さまのお通り★
- 木曜会・編　西真里子・絵　公園の日だまりで★♡
- 木曜会・編　西真里子・絵　ねこがのびをする♡★

掌の本 アンソロジー　A7判

- こころの詩Ⅰ　品切
- しぜんの詩Ⅰ
- いのちの詩Ⅰ　品切
- ありがとうの詩Ⅰ　品切
- 詩集 希望
- 詩集 家族
- いのちの詩集―いきものと野菜
- ことばの詩集―方言と手紙
- 詩集―夢・おめでとう
- 詩集―ふるさと・旅立ち

掌の本　A7判

- 森埜こみち・詩　こんなときは！